Tiburones punta negra

Grace Hansen

Abdo
TIBURONES
Kids

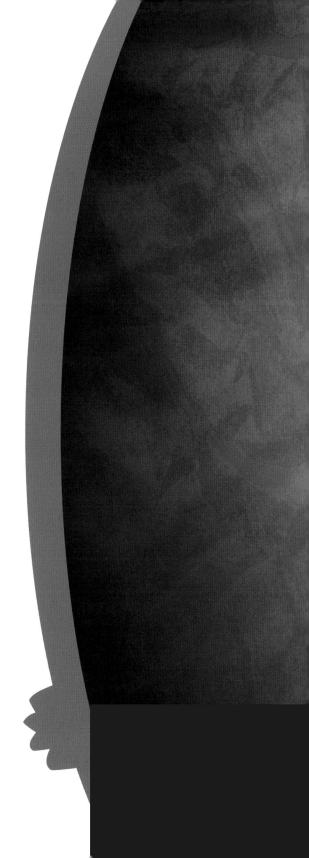

abdopublishing.com

Published by Abdo Kids, a division of ABDO, PO Box 398166, Minneapolis, Minnesota 55439.

Printed in the United States of America, North Mankato, Minnesota.

102016

012017

THIS BOOK CONTAINS
RECYCLED MATERIALS

Spanish Translator: Maria Puchol

Photo Credits: Animals Animals, iStock, Seapics.com, Shutterstock, Thinkstock

Production Contributors: Teddy Borth, Jennie Forsberg, Grace Hansen

Design Contributors: Laura Rask, Dorothy Toth

Publisher's Cataloging-in-Publication Data

Names: Hansen, Grace, author.

Title: Tiburones punta negra / by Grace Hansen.

Other titles: Blacktip reef sharks. Spanish

Description: Minneapolis, MN : Abdo Kids, 2017. | Series: Tiburones | Includes
bibliographical references and index.

Identifiers: LCCN 2016947838 | ISBN 9781624027079 (lib. bdg.) |
ISBN 9781624029318 (ebook)

Subjects: LCSH: Blacktip shark--Juvenile literature. | Spanish language
materials--Juvenile literature.

Classification: DDC 597.3/4--dc23

LC record available at http://lccn.loc.gov/2016947838

Contenido

Tiburones punta negra

Los tiburones punta negra viven en océanos de agua templada. También viven en bahías y arrecifes de coral cerca de la costa.

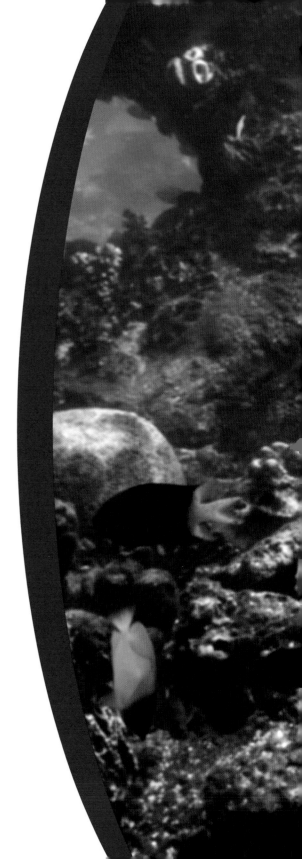

El tiburón punta negra tiene los ojos grandes. El hocico es pequeño y redondo.

A primera vista se parece a los demás tiburones. La parte de arriba de su cuerpo es gris. La parte de abajo es blanca.

¡Pero tiene algo muy especial!
Tiene **marcas** negras en la
punta de las aletas. También
tiene rayas blancas a los lados.

10

Alimentación y caza

Los tiburones punta negra

tienen filas de dientes afilados.

Sus dientes son perfectos para

atrapar a sus presas.

A estos tiburones les gusta

comer **peces de arrecife**.

También comen calamares

y otros animales.

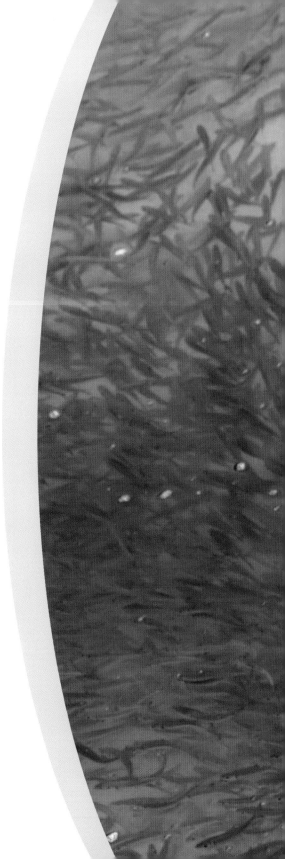

A menudo cazan solos. A veces

cazan en grupos pequeños.

Crías de tiburón punta negra

Los tiburones recién nacidos se llaman **crías**. Estos tiburones dan a luz entre 4 y 10 crías cada vez.

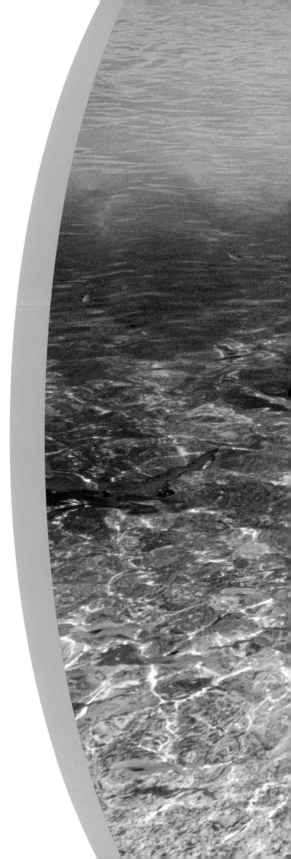

Las **crías** viven solas desde que nacen. Nadan cerca de las **orillas** hasta que crecen.

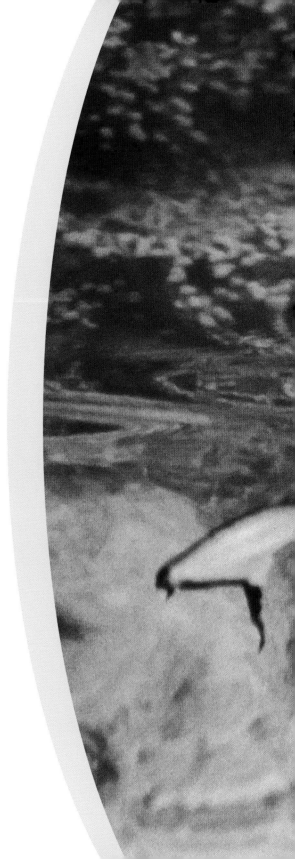

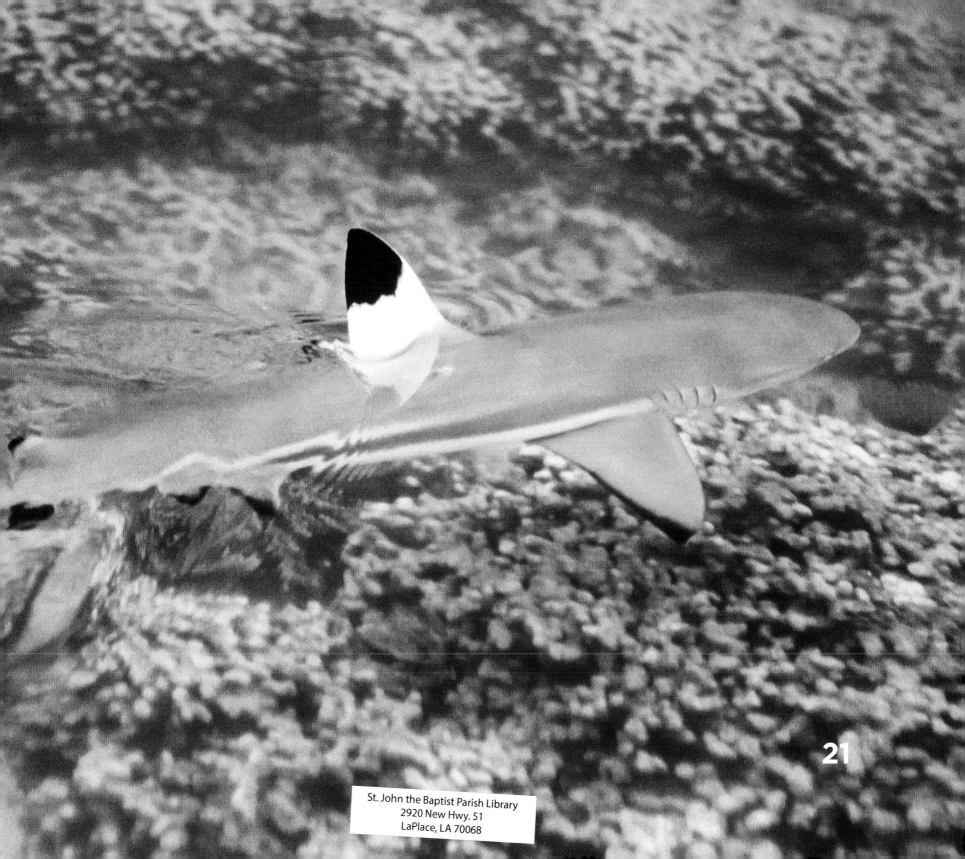

Más datos

- A veces se ven tiburones punta negra en agua dulce.

- El tiburón punta negra es muy buen cazador. Persigue grupos de peces hacia aguas poco profundas. Así es más fácil atraparlos.

- Este tiburón es uno de los tiburones más comunes en los arrecifes de coral.

Glosario

cría – animal recién nacido.

marcas – mancha o dibujo en el pelaje de un animal, en sus plumas o en la piel.

orilla – donde el agua y la tierra se juntan.

peces de arrecife – peces que normalmente viven en arrecifes de coral.

Índice

abdokids.com

¡Usa este código para entrar en abdokids.com y tener acceso a juegos, arte, videos y mucho más!

Código Abdo Kids:
SBK1507